¡VAMOS DE FIESTA!

A Harcourt Spanish Reading / Language Arts Program

¡VAMOS DE FIESTA!

A Harcourt Spanish Reading / Language Arts Program

RISAS Y FIESTAS

AUTORES

Alma Flor Ada • F. Isabel Campoy • Juan S. Solis

CONSULTORA

Angelina Olivares

Harcourt

Orlando Boston Dallas Chicago San Diego

Visita *The Learning Site*

www.harcourtschool.com

Requests for permission to make copies of any part of the work should be mailed to the following address: School Permissions, Harcourt, Inc., 6277 Sea Harbor Drive, Orlando, Florida 32887-6777.

HARCOURT and the Harcourt Logo are trademarks of Harcourt, Inc.

Acknowledgments appear in the back of the book.

Printed in the United States of America

ISBN 0-15-314681-8

2 3 4 5 6 7 8 9 10 048 2001 2000

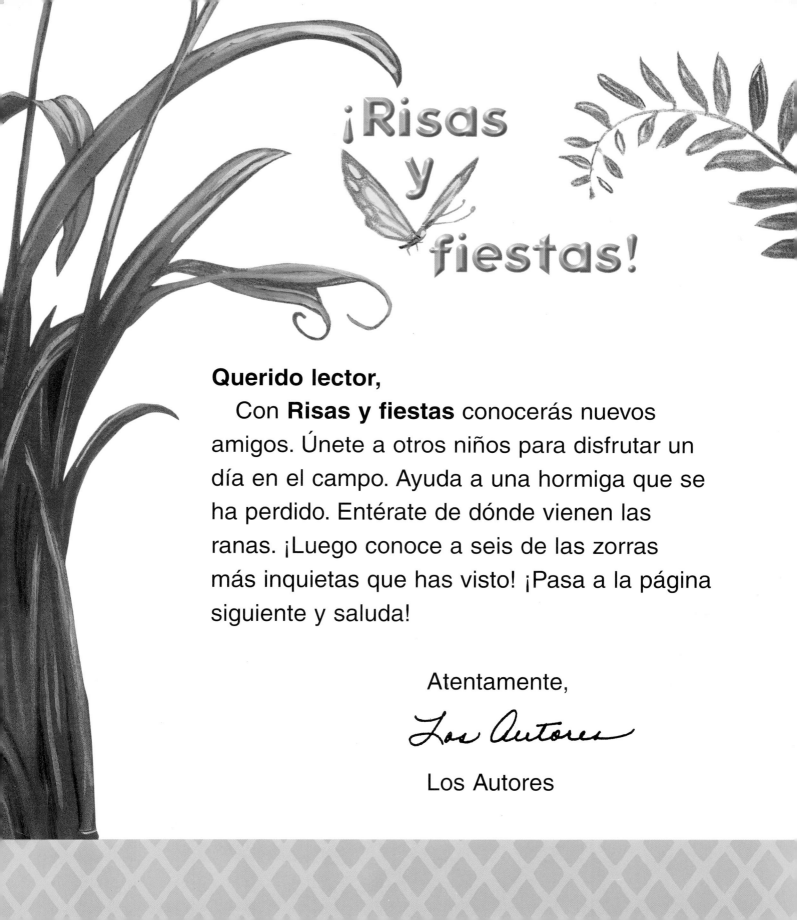

¡Risas y fiestas!

Querido lector,

   Con **Risas y fiestas** conocerás nuevos amigos. Únete a otros niños para disfrutar un día en el campo. Ayuda a una hormiga que se ha perdido. Entérate de dónde vienen las ranas. ¡Luego conoce a seis de las zorras más inquietas que has visto! ¡Pasa a la página siguiente y saluda!

Atentamente,

Los Autores

Los Autores

Tema

Ahora me toca a mí

Contenido

Contenido

Ahora me toca a mí

Lecturas favoritas

Pulgas, el perro de José Luis

escrito por
Margarita Robleda Moguel

José Luis y Pulgas aprenden los nombres de las cosas.

DE LA COLECCIÓN

Cuentos para pulguitas

Margarita Robleda Moguel

PULGAS, EL PERRO DE JOSE LUIS

Un día feliz

escrito por Ruth Krauss
Es invierno y los
animales duermen.
¿Qué encontrarán
al despertarse?

Mención honorífica Caldecott

Salta y brinca

escrito por
Ellen Stoll Walsh

Betsy, la pequeña
rana, está cansada de
saltar y brincar.

DE LA COLECCIÓN

11

Tic tac

Ricardo diBenedetto

ilustrado por Laura Ovresat

Tic tac repite el reloj.
Tic tac.

13

Un reto para Rina y René:
en un rato llega Mamá.

Rápido, rápido,
pasa y repasa.

Tic tac repite el reloj.
Tic tac.

16

Rina lava las ollas.
¿Dónde está la repisa?

Roni y Rulo
recogen la ropa.

18

Tic tac repite el reloj.
Tic tac.

Rápido, rápido.
Tic tac repite el reloj.

—¡Roni y Rami... ya regresé! —dice Mamá.

La merienda

Alicia Luna

ilustrado por Laura Ovresat

Rápido, a merendar.
Vamos al campo a
merendar.

23

Ricos tomates, rábanos y pepinos en una ensalada.

Unas palomitas rosadas.
Rápido arrimen la canasta.

Rápido Mauro, Tere,
Rami y Rafa.

¡Qué rico todo!

Unas carreras, vamos a merendar.

Corre por la vereda,
vamos a merendar.

¡Mauro, Tere, Rami y Rafa!

¡Con perrito y todo
vamos a merendar!

31

Mi Casa

planta

La sala

La sala es un buen lugar para descansar.

mesita

lámpara

sillón

alfombra

almohada

foto

libros

flores

leer en
familia

La cocina

En la cocina se prepara y se guarda la comida.

palo de amasar

sartén

tazas

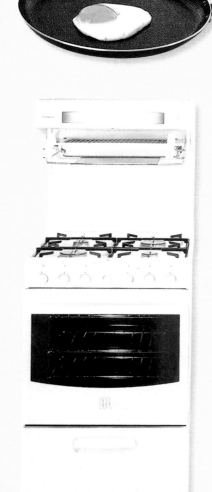

verduras frescas

horno

delantal

bote de basura

cuchara de
madera

colador

olla

hacer
sándwiches ricos

mitón para el horno

tazón

35

Tic tac toc

Haz un reloj con un plato de papel.

1 Escribe los números en el plato como si fuera un reloj.

2 Haz las manecillas del reloj.

3 Coloca las manecillas en el centro con un gancho.

4 Usa el reloj para decir el siguiente poema a la clase.

Tic tac toc

hay un ratón en el reloj.

El reloj da la una

y el ratón se va a la luna.

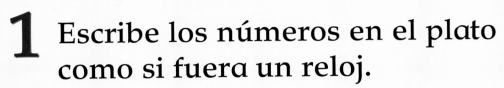

¡Perdida!

Patti Trimble
ilustrado por Daniel Moreton

Ilustrador
premiado

—¿Y mis amigas dónde están? Estoy
perdida —dice Gume.

—¡Tengo tanto calor! ¿Cómo salgo de aquí?

—Si me agarro bien, puedo subir.

—¡Ahora veo!
¿Y mis amigas?

—Esto se mueve.
Veo un número dos.

—¡Oh! ¡Es un reloj!

—Ahora veo todo color de rosa —dice Gume—.
Seguiré mi camino.

—¡Ah! Es una alfombra rosa.

—¡Socorro! Estoy perdida —grita
la hormiguita.

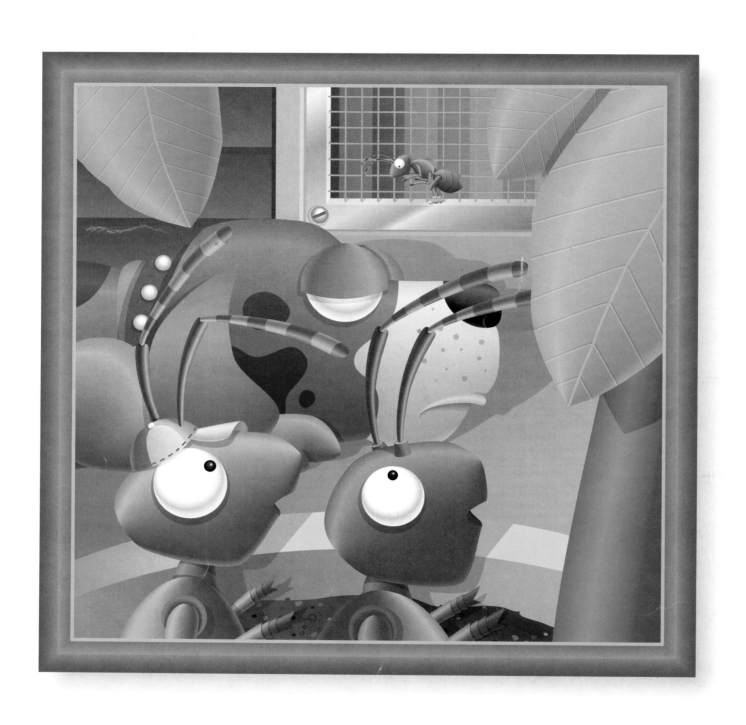

—Pasa delante del perro —le
contestan sus amigas.

—¡Qué gusto estar de regreso! —dice Gume.

Patti Trimble
ilustrado por Daniel Moreton

¿Qué día es hoy?

Gume estaba feliz.
"Hoy es mi día".

Gume vio a Marita.

—¿Qué día es hoy? —le preguntó.

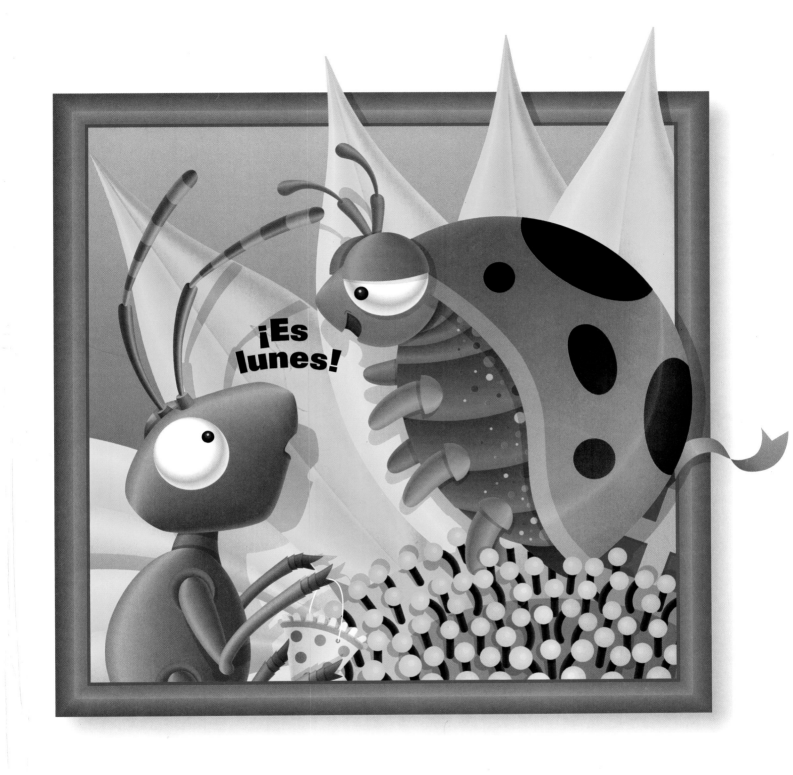

—Es lunes —dijo Marita.

Gume estaba triste.
"A Marita se le olvidó mi día".

Gume vio a Pura, la oruga.
—Pura, ¿qué día es hoy?

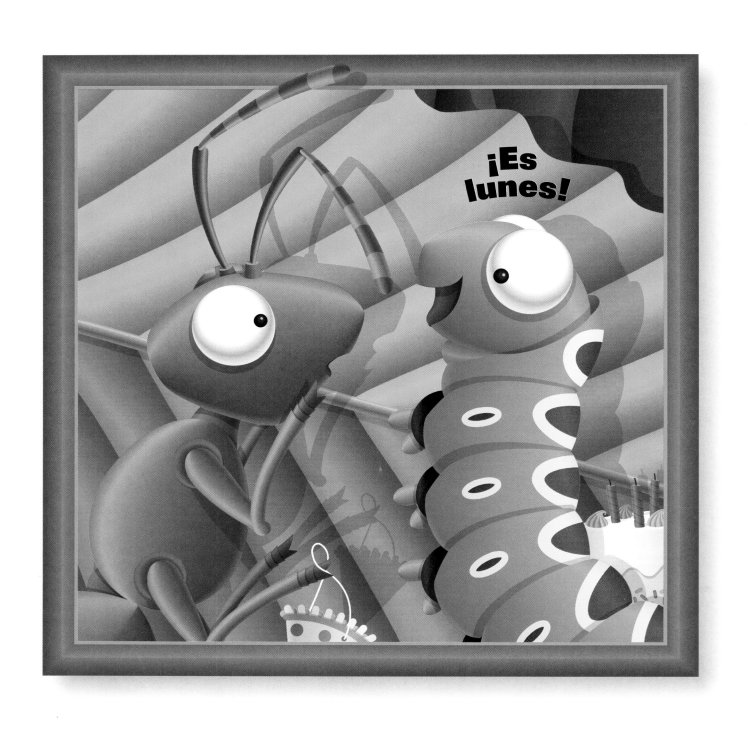

—Es lunes —dijo Pura.

"A Marita y a Pura se les
olvidó que es mi día".

Gume estaba muy, muy triste.
"Mis amigas se olvidaron de mi día".

"Es mi cumpleaños y
no se acordaron".

—¡No nos olvidamos!
¡Feliz cumpleaños, Gume!

60

—¡Qué lindo!
¡Una fiesta sorpresa! —dice Gume.

Señalador hormiga

Gume se había perdido. Haz un señalador para encontrar tu página en el libro.

62

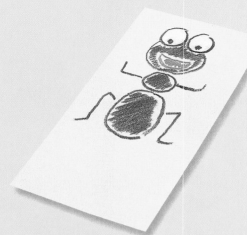

1 Dibuja una hormiga sobre tu señalador.

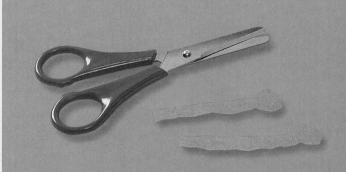

2 Recorta dos antenas.

3 Pégalas sobre la cabeza de la hormiga.

Gume es una hormiga simpática.

4 Escribe una frase sobre Gume la hormiga.

Muestra tu señalador a un compañero.

Un ruido extraño

Carlos Lineo
ilustrado por Joe Cepeda

Doña Pita trajo a Lore.
¡Por fin se quedaba a dormir!

—Ya llegó Lore, Mamá —dijo Muñe.

Las niñas jugaron a
la roña, a la pelota y con sus muñecas.
Se vino la hora de dormir.

—Buenas noches, Muñe.
—Dulces sueños, Lore.

—¿Oyes un ruido extraño,
como de uñas rascando?
—preguntó Lore.

—¿Un ruido? ¿De dónde vendrá?

70

—Creo que viene de allí.
Pero no veo nada.

—¡Una cola! —gritó Lore.

—Y no estoy soñando. ¡Mira!

—¡Claro, es mi perro! —dijo
Muñe.

¡Mi perro siempre hace
ruido con las uñas!

A escarbar

Kristi T. Butler
ilustrado por Joe Cepeda

Muñe no encontraba su rana.
—¿Dónde podrá estar?

Mamá no encontraba su prendedor.
—¿Dónde podrá estar?

Papá no encontraba su sombrero.

—¿Dónde podrá estar?

Muñe, Mamá y Papá se
pusieron a buscar.

—Muñe —dijo Papá—. Mira a
Vapor. Míralo correr.

Vapor se puso a oler el pasto.
Luego empezó a escarbar.

—A ese perro le gusta escarbar —dijo Muñe.

—Mi sombrero está en ese
hoyo —dijo Papá.
—¡Allí está mi rana! —exclamó Muñe.

—Mi prendedor también debe
estar allí —dijo Mamá.

—Ese lugar es el lugar secreto
de Vapor —dijo Papá riéndose.

—Saquemos nuestras
cosas —dijo Muñe—.
¡Y vamos a poner este hueso
en el escondite de Vapor!

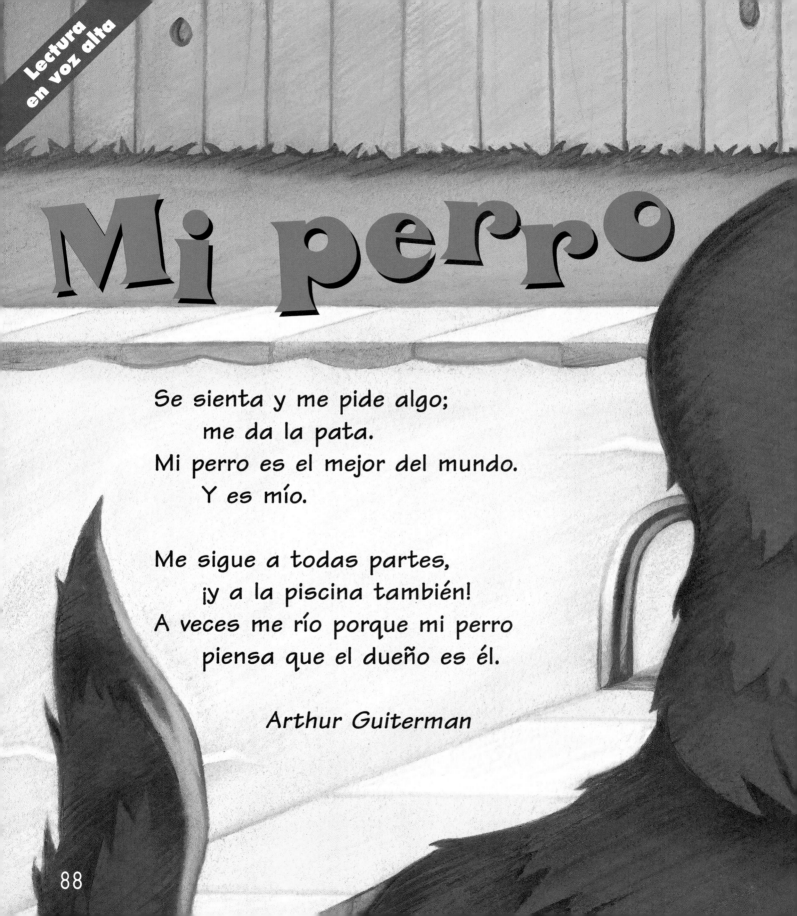

Mi perro

Se sienta y me pide algo;
    me da la pata.
Mi perro es el mejor del mundo.
    Y es mío.

Me sigue a todas partes,
    ¡y a la piscina también!
A veces me río porque mi perro
    piensa que el dueño es él.

Arthur Guiterman

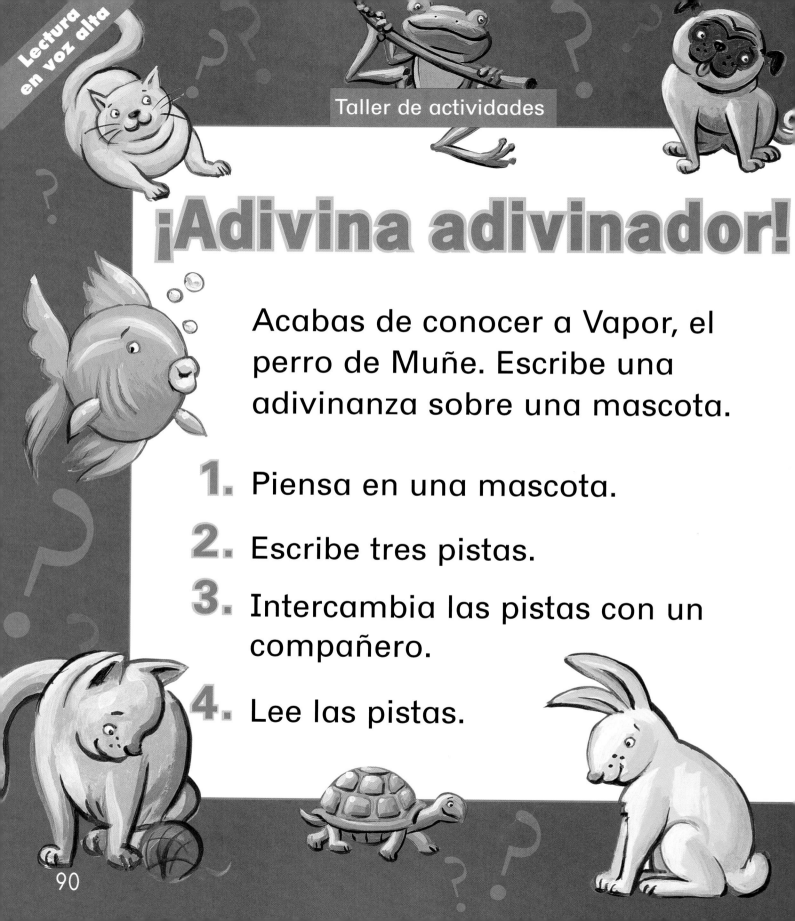

¡Adivina adivinador!

Acabas de conocer a Vapor, el perro de Muñe. Escribe una adivinanza sobre una mascota.

1. Piensa en una mascota.

2. Escribe tres pistas.

3. Intercambia las pistas con un compañero.

4. Lee las pistas.

Lectura en voz alta

Es verde.

Tiene una cola larga.

Su piel es fría.

Adivina qué animal es.

LOS OJOS
DE LA RANA

Betsy Franco

ilustrado por
Joung Un Kim

Hace mucho tiempo, las ranas tenían
ojos muy pequeños.
Bibi los podía tener siempre abiertos.

—Nadie puede estar con los ojos abiertos tanto como yo —decía Bibi.

—¿Quién puede aguantar con los ojos abiertos tanto tiempo como Bibi? —dijeron sus amigos.

En eso, llegó Babo el caballo.

—Tú cerrarás primero los ojos —le
dijo Bibi.

—Serás tú —contestó Babo.

—¿Ves? ¡Parpadeaste! —gritó la rana.

Llegó Beni el conejo.

Tampoco pudo sostenerle la
mirada a Bibi.
—¡Soy la mejor! —dijo la rana.

Se acercó Bonito el pez.
—Esta vez Bibi parpadeará
primero —dijo Bonito.

El pez y la rana comenzaron a mirarse.
Los ojos de la rana se hicieron cada vez
más grandes.

—¡La rana parpadeó! —gritó el pez—.
¡Bibi, los peces nunca parpadean!

Y desde ese día, las ranas tienen los ojos grandes y redondos como Bibi.

Las ranas

Alex Vern

Las ranas ponen
huevos en el agua.
Estos puntos negros
son huevos de rana.

Cuando se rompe
el huevo, sale un
renacuajo.

Nacen muchos renacuajos a la vez. Nadan muy rápido para que los peces no se los coman.

Al principio, los renacuajos
tienen el cuerpo grande y
la cola larga.

Están todo el día
comiendo.
Siempre tienen
hambre.

109

Con el tiempo se les van formando
las patas traseras.
Éstas les ayudan a moverse y a
nadar mejor.

También aparecen
pequeñas patas
delanteras.
¡Los renacuajos
son ranas con
cola!

Después desaparece la cola.

Sin cola las ranas pueden
dar grandes saltos.

Las ranas pueden comer
muchos insectos porque
son muy rápidas.

Las ranas

1. Huevo

2. Renacuajo

3. Rana

CADENA DE RANAS

Haz una cadena que muestre cómo los renacuajos se transforman en ranas.

1 Piensa en cómo se transforman los renacuajos.

2 Dibuja cinco etapas de la vida de las ranas.

3 Haz eslabones para tu cadena.

4 Muestra tu cadena a la clase. Explica cada dibujo.

El primer pescado

Beatriz Viter
ilustrado por Russ Willms

Peli está cuidando
a su hermana Yoya.

119

—Yoya, bájate. Ten cuidado, no te vayas a lastimar.

—Muy bien —dijo Yoya—, pero déjame cantar una canción.

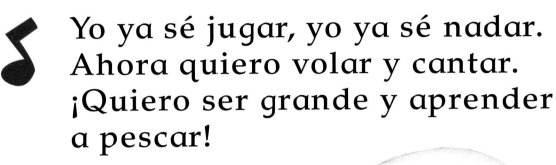

Yo ya sé jugar, yo ya sé nadar.
Ahora quiero volar y cantar.
¡Quiero ser grande y aprender
a pescar!

—Un día serás grande
como yo —dijo Peli.

—Y ahora, cántame una
canción —dijo Yoya.

Yoya sabe jugar y nadar.
Ahora quiere volar y cantar.
¡Y muy pronto aprenderá a pescar!

Al rato, pasó un hombre
llevando unos pescados.
Un pescado se le cayó.

Yoya lo atrapó.
—Es tuyo —le dijo el hombre.

—Es tu primer pescado, Yoya —le dijo
Peli—. Te voy a cantar una canción.

¡Yoya eres veloz como un rayo!
Éste es tu primer pescado.
¡Por fin, qué buen bocado!

Yoya cantó.

Yo ya sé jugar,
yo ya sé nadar.
¡Y aunque no sea grande
ya aprendí a pescar!

¡Basta de pescado!

Obra de teatro

Hortense Carter
ilustrado por Russ Willims

Personajes

Rayito

Peli

Caballo

Puerco

Narrador

Peli estaba cansado de comer pescado.

 Pescado, pescado y más pescado. Es todo lo que como. ¡No voy a comer más pescado!

¡Soy Rayito! Te concederé un deseo.

¡Oh! Quisiera ser un caballo.
Los caballos no comen pescado.
Comen yerba.

Te concedo tu deseo.
¡Pum!

133

Peli se convirtió en caballo.

¡Ahora comeré yerba! ¡Puaj!

 En un instante Rayito estaba de regreso.

 ¿Estás triste?

 Sí, no me gusta la yerba.

Te doy otro deseo.

 Quisiera ser un puerco.
Los puercos comen maíz.
No comen yerba.

Te concedo tu deseo.
¡Pum!

Peli se convirtió en puerco.

Ahora comeré maíz.
¡Puaj!

139

Muy pronto regresó Rayito.

 ¿Todavía estás triste?

 Sí. No me gusta el maíz.

 Entonces te concederé un último deseo.

Quiero volver a ser un pelícano.
Quiero comer pescado.

 Éste es un buen deseo.

Como de rayo Peli se convirtió en pelícano.

¡Me gusta el pescado!
¡Ya no quiero pedir deseos!
¡Quiero ser yo!

Taller de actividades

Un libro de deseos

¿Qué te gustaría?

1 Escribe tu deseo.

2 Haz un dibujo de tu deseo hecho realidad.

3 Pega tus hojas en el libro de la clase.

4 Lee El libro de los deseos.

Me gustaría tener una bicicleta.

El libro de los deseos

Pícaro

Erin Douglas
ilustrado por Wong Herbert Yee

Ilustrador
premiado

Don Paco y doña Mari tenían diez
gallinas coloradas.
Todos los días recogían diez huevos.

Una mañana faltaban cinco huevos.

—Nos están robando los huevos
—gritó don Paco.
—No podemos dejar que se lleven
ni uno más —dijo doña Mari.

Don Paco y doña Mari se escondieron
en el gallinero.
CRAC.
—¿Qué es eso? —preguntó doña Mari.

Un lobo entró al gallinero.

Metió cuatro huevos en un costal.

—¡Es un lobo! —gritó doña Mari.
—Yo lo atrapo —respondió don Paco.

¡Cataplum!

—Perdón —dijo don Paco.
—¡Quítame esta red! —gritó doña Mari.

Ahora quedaba un solo huevo.

—Tenemos que atrapar a ese pícaro —dijo doña Mari—.
Ayúdame a poner esta trampa.

Después de poner la trampa, los dos se escondieron.

¡Cataplum, pum, pum! La trampa
cayó sobre don Paco y doña Mari.
Y el lobo se llevó el último huevo.

Entonces, don Paco y doña Mari pusieron una trampa más grande.

¡Cataplum! ¡Pum, pum!

—¡Déjenme salir de aquí! —dijo el lobo—.
Les devolveré todos los huevos.
—¿No te los has comido? —preguntó
don Paco.

—No —respondió el lobo—. Los decoré.

—¿Cómo? —dijo doña Mari.
—¡Qué hermosos! —exclamó don Paco.

Y ahora don Paco y doña Mari
venden huevos decorados.
¿Quieres uno?

SEIS ZORRAS INQUIETAS

Lucas San Martín
ilustrado por Keith Baker

Somos seis zorras inquietas,
Peque, Maqui y Quicalí.
Somos seis zorras inquietas,
Quique, Paqui y Micalí.

A tres: Peque, Maqui y Micalí,
nos gusta saltar así.

El viejo banjo está roto.
¡Qué tristes todas están!
Alguna de las seis zorras
quizás lo pueda arreglar.

Somos seis zorras con hambre.
Queremos algo dulce de comer.
Somos seis zorras con hambre.
¡Qué calor! Queremos de beber.

helados

¿Cómo pueden seis zorras con hambre
comer helado tan tranquilas en el parque?

Somos seis zorras molestas,
en un árbol con colmena.
Somos seis zorras molestas.
¡Cuidado con las abejas!

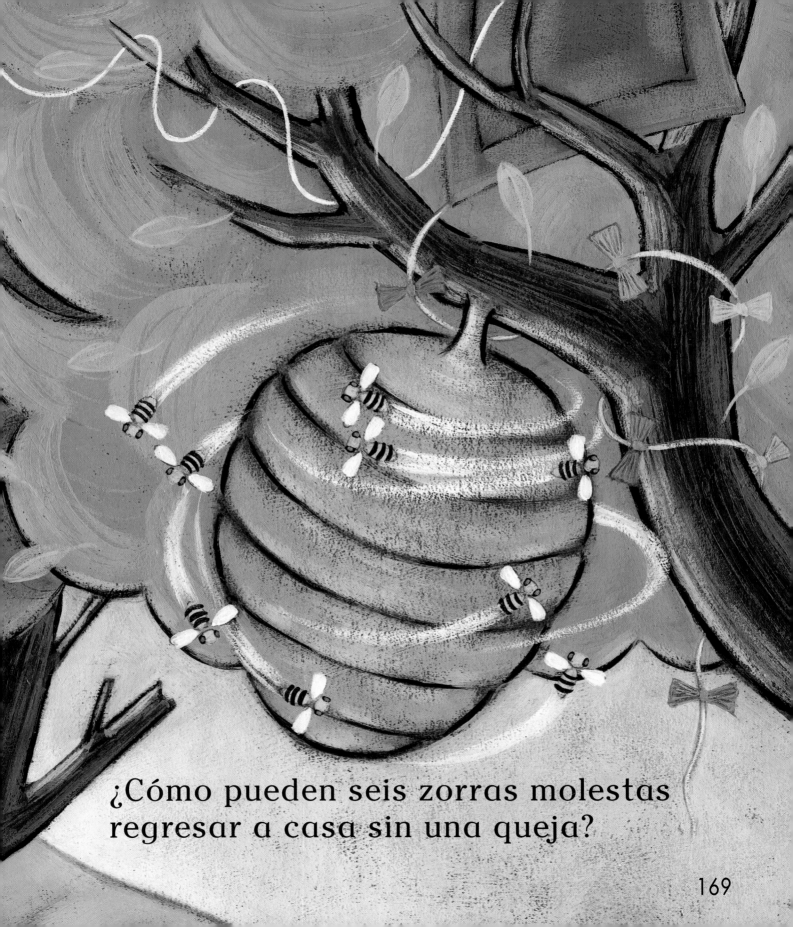

¿Cómo pueden seis zorras molestas
regresar a casa sin una queja?

Somos seis zorras felices.
¡Inquietas o tristes, con
hambre o molestas,
somos una familia de zorras
felices y contentas!

Lectura en voz alta

TALLER DE ACTIVIDADES

El huevo mágico

Tú también puedes jugar al huevo mágico.

Para esta actividad necesitarás:

papel blanco, una bolsa, tijeras

1

Recorta 6 huevos.

2

Colócalos en fila.

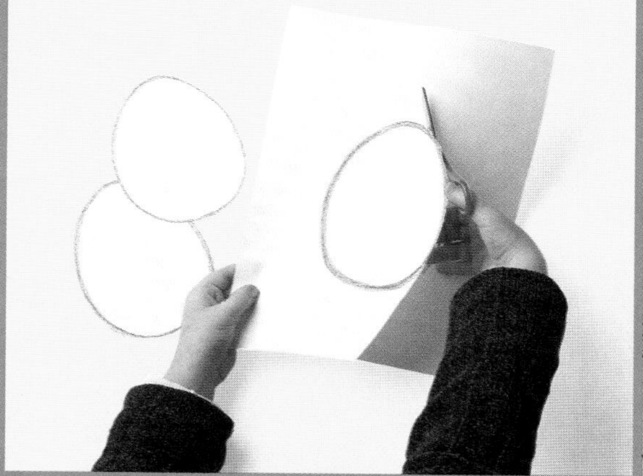

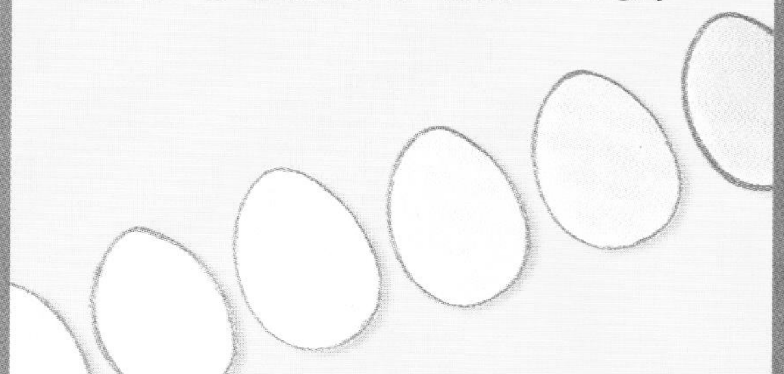

3

Túrnense para hacer el papel del lobo y del granjero. El granjero no debe mirar.

4

El lobo toma algunos huevos y los guarda en la bolsa.

5

El granjero debe decir cuántos huevos se llevó el lobo.

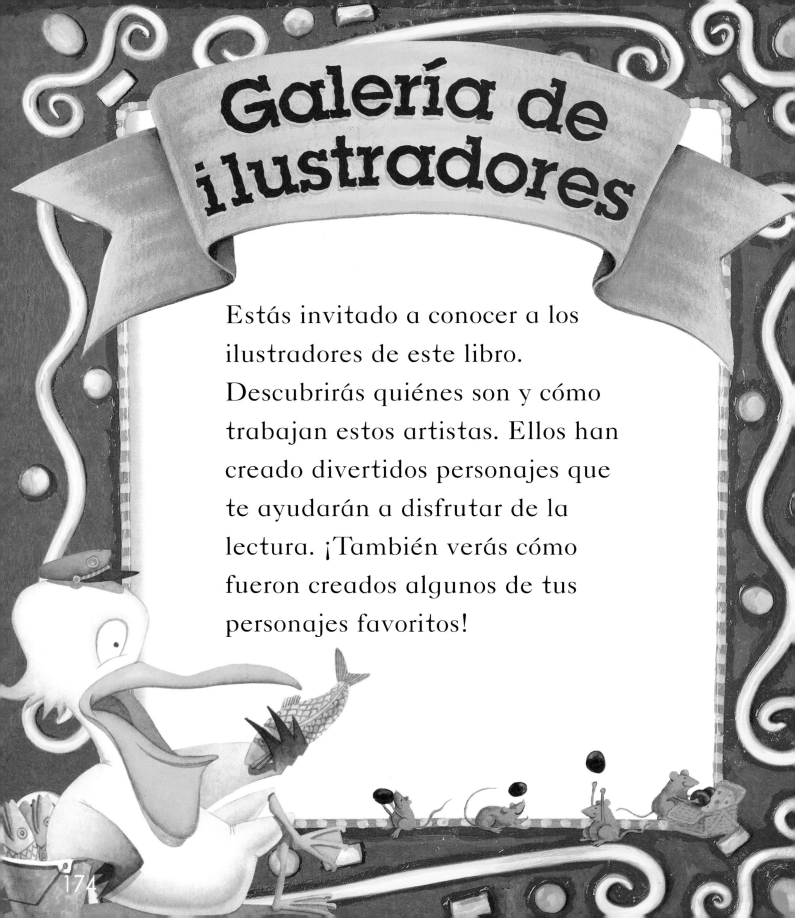

Galería de ilustradores

Estás invitado a conocer a los ilustradores de este libro. Descubrirás quiénes son y cómo trabajan estos artistas. Ellos han creado divertidos personajes que te ayudarán a disfrutar de la lectura. ¡También verás cómo fueron creados algunos de tus personajes favoritos!

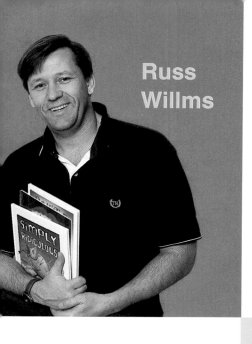

Russ Willms

Laura Ovresat

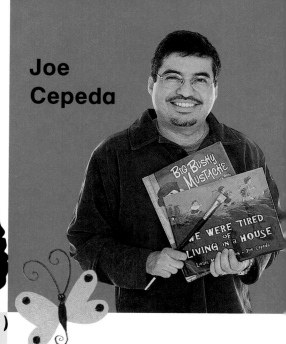

Joe Cepeda

Daniel Moreton

Wong Herbert Yee

Joung Un Kim

Keith Baker

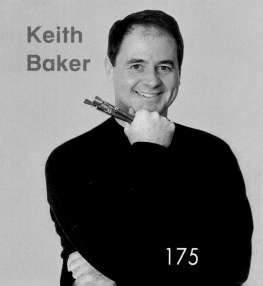

175

Laura Ovresat

A Laura Ovresat le gustan los animales y la vida al aire libre. Ella dibuja animales desde muy pequeña. A veces le gusta pintar sobre madera en lugar de hacerlo sobre papel.

Laura A. Ovresat

Daniel Moreton

Cuando Daniel Moreton era pequeño, le gustaba mucho oír las historias que contaba su abuela. Gracias a esas historias, él comenzó a escribir las suyas. A Daniel Moreton también le gusta ilustrar cuentos. Él usa una computadora para hacer sus dibujos.

Joe Cepeda

Antes de empezar a dibujar, Joe Cepeda lee varias veces el cuento. Luego dibuja el lugar donde transcurre el cuento. Finalmente, dibuja los personajes. Le gusta dibujar personajes parecidos a gente que conoce.

Joung Un Kim visita librerías y museos para inspirarse. A ella le gusta probar cosas nuevas. Para ilustrar el cuento *Los ojos de la rana* practicó dibujar animales. Éste es el segundo cuento con animales que ha ilustrado.

Joung Un Kim

Wong Herbert Yee

Wong Herbert Yee siempre quiso ser dibujante. Comenzó a escribir e ilustrar libros infantiles cuando ya era grande. A veces su hija le ayuda y le dice si las ilustraciones les va a gustar a los ninõs.

Wong Herbert Yee

Russ Willms

Russ Willms trabaja en su casa en Canadá. Él piensa que si representa la historia la ilustrará mejor. Cuando estaba ilustrando *El primer pescado* Russ Willms hizo el papel del pescador para poder ilustrar ese personaje.

178

Keith Baker

Antes de estudiar dibujo Keith Baker fue maestro. Ahora, él escribe e ilustra cuentos que seguramente les habría gustado a los niños de sus clases. Keith Baker dice que enseñar fue divertido, pero en realidad lo que más le gusta es crear sus propios libros.

Keith Baker

Acknowledgments

For permission to translate/reprint copyrighted material, grateful acknowledgment is made to the following sources:

HarperCollins Publishers: Cover illustration by Marc Simont from *Un día feliz* by Ruth Krauss. Illustration copyright 1949 by Marc Simont; illustration copyright renewed 1977 by Marc Simont.

Lorenz Books, 27 West 20th St., Suite 504, New York, NY 10011: From *Let's Look At: My Home* (Retitled: "My Home"). © 1997 by Anness Publishing Limited.

Photo Credits

Key: (T)=top, (B)=bottom, (C)=center, (L)=left, (R)=right
Photo Researchers, 36, 37, 60, 61, 90, 91, 102; Peter Arnold, Inc., 103; Tom Stack & Associates, 104; Tony Stone Images, 105; Photo Researchers, 106, 107; Tom Stack & Associates, 108-109; Peter Arnold,Inc, 109; Photo Researchers, 110-111, Photo Researchers, 112(1); Peter Arnold, Inc., 112(R); Tom Stack & Associates, 113(T); Tony Stone Images, 113(C); Peter Arnold, Inc., 113(B); Michael Campos Photography, 116, 117, 144, 145, 172, 173
All other photos by Harcourt Brace:
Larry Evans/Black Star; Walt Chyrnwski/Black Star; Todd Bigelow/Black Star; Joseph Rupp/Black Star; Santa Fabio/Black Star

Illustration Credits

Leland Klanderman, Cover Art; Michael Grejniec, 4-11; Laura Ovresat, 12-31; Tracy Sabin, 36, 90-91, 116-117, 172-173; Daniel Moreton, 38-63; Joe Cepeda, 64-87; Doug Bowles, 88-89; Joung Un Kim, 92-103; Doug Cushman, 108-109, 112-113; Russ Willms, 118-145; Wong Herbert Yee, 146-159; Keith Baker, 160-171